Leselöwen

Katja Reider

Geschichten aus der Tierarztpraxis

Illustriert von Carmen Hochmann

Loewe

In diesem Buch sind ein paar Wörter **fett** gedruckt. Auf den Seiten 56 und 57 findest du spannende Erklärungen zu diesen Begriffen.

Inhalt

Hundeliebe

Wolli ist der beste Hund der Welt!
Das steht für Fabian fest.
Klar, dass er mit Wolli auch
jeden Tag Gassi geht!
Aber heute soll Fabian Wolli
ganz allein zur **Tierärztin** bringen.

„Kannst du nicht mitkommen?“,
fragt er Mama.
Mama zeigt auf ihre dicke Backe.
„Tut mir leid, Schatz“, stöhnt sie.
„Ich muss echt zum Zahnarzt.“
Fabian greift nach der Leine.
„Na, dann mal los, Wolli!“

Wolli braucht einen neuen Verband.
Letzte Woche ist der kleine Hund
in einen Dorn getreten,
den die Ärztin entfernen musste.
Das war gar nicht so leicht!
Zum Glück ist Doktor März
eine tolle Tierärztin.

Wollis Pfote ist schon
wieder fast verheilt.
Fröhlich trabt er neben Fabian her.
Aber als sie in die Straße
der **Praxis** einbiegen,
stemmt sich Wolli gegen die Leine.

Fabian bückt sich
und streichelt Wolli.
„Ich weiß, dass du Angst hast,
aber du bekommst keine Spritze.
Nur einen neuen Verband“,
flüstert er dem Hund zu.

Fabian zieht den zitternden Wolli
sanft in die Praxis.
„Ach je“, sagt Arzthelferin Ida,
als sie den ängstlichen Wolli sieht.
„Vielleicht hilft ja ein Leckerchen?
Bei manchen Vierbeinern wirkt das!“

Bei Wolli nicht.

Er futtert – und zittert weiter.

Doch plötzlich senkt Wolli die Nase

und schnuppert am Türspalt.

Dann kratzt er aufgeregt am Holz.

Was mag dahinter sein?

Noch mehr Leckerchen?

Nein, Ida lacht und erklärt:
„Da liegt Laika, unsere neue Hündin.
Sie kommt aus dem **Tierheim**
und braucht noch etwas Ruhe."
„Klar!" Fabian nickt.
Aber Laika scheint gut zu riechen!
Wolli schnüffelt jetzt wie verrückt.

Auf der anderen Seite
jault Laika sehnsüchtig.
Jetzt beginnt auch sie zu kratzen.
„Nanu“, sagt Ida. „Da müssen wir
wohl eine Ausnahme machen, was?“
Sie öffnet die Tür.
Laika und Wolli beschnüffeln sich.

Dann wedeln beide entzückt
mit dem Schwanz.
Wolli darf sogar auf Laikas Decke!
Ida lacht: „Das nenne ich
Liebe auf den ersten Wuff!“
„Der Nächste, bitte!“,
ruft Doktor März.

Geht jetzt das Zittern wieder los?
Nein, Laika trippelt voraus
und Wolli folgt ihr fröhlich.
Schwupps, hebt Fabian ihn
auf den Untersuchungstisch.
Die Ärztin wechselt den Verband.
Fertig! Fabian atmet auf.

„Das ging ja super heute!“,
freut sich auch die Tierärztin.
„Ist Laika jetzt immer hier?“,
fragt Fabian.
„Meistens.“ Doktor März lächelt.
„Aber ich fürchte,
dafür hast du ein neues Problem …“

(K)eine Perle für Hoppel

Doktor Katz reckt sich zufrieden.
Endlich Feierabend!
Gerade will er die Praxis schließen,
da kommt ein Mädchen angerannt.
„Bitte“, keucht sie. „Können Sie
Hoppel noch untersuchen?
Es ist ein Notfall!“

Da sagt kein Tierarzt Nein.
Außerdem kennt Doktor Katz Hanna
und ihr Kaninchen schon länger.
Hoppel hat ein schönes Leben:
Er darf im Garten wohnen und
bekommt viel frischen Löwenzahn.
Sogar ein paar Kunststücke kann er!

Vorsichtig setzt der Tierarzt
Hoppel auf den Untersuchungstisch.
„Na, was fehlt ihm denn?"
Das hübsche Riesenkaninchen
wirkt so munter wie immer.
Hanna errötet. „Ich glaube,
er hat etwas Falsches gefuttert."

Der Arzt tastet Hoppels Bauch ab.
Nein, keine Anzeichen für Krämpfe.
Auch Hoppels Pupillen sind normal
und er hat kein Fieber.
„Trinkt Hoppel besonders viel?“,
erkundigt sich Doktor Katz.
Hanna schüttelt den Kopf.

„Tja, ich sehe keine Anzeichen für eine Vergiftung“, sagt Doktor Katz. „Du kannst ganz beruhigt sein!“

Hanna atmet auf, aber dann fragt sie: „Können Sie ihm trotzdem etwas geben, damit er schnell Kacka macht?“

Der Arzt schaut sie verwundert an.
„Was ist los, Hanna?“, fragt er.
„Na ja“, druckst sie. „Ich habe mit
Hoppel gespielt. Und da lag der
neue Anhänger meiner Schwester,
eine kleine rosa Perle.
Ich habe sie mir angeschaut und …“

„Dann ist die Perle runtergefallen
und du denkst jetzt,
Hoppel hat sie geschluckt?“,
fragt Doktor Katz.
Hanna nickt. „Genau, und wenn
Sina das erfährt, gibt es Ärger!
Die Perle ist von ihrem Freund!“

„Verstehe“, sagt der Tierarzt.
Ich gebe dir ein schwaches
Abführmittel für Hoppel mit.
Und Gummi-Handschuhe für dich ...
Du weißt, wofür?“
„Alles klar! Kein Problem für mich!“
Hanna streichelt Hoppel.

„Such zu Hause erst noch mal
gründlich den Boden ab“,
rät Doktor Katz. „Und ruf mich an,
falls es Probleme mit Hoppel gibt!“
„Das mache ich! Danke!“
Hanna ist schon aus der Tür.

Und bald klingelt das Telefon:
„Ich habe die Perle gefunden!
Er hatte sie doch nicht gefressen!“,
ruft Hanna erleichtert.
Das hatte sich Doktor Katz gedacht.
Schließlich ist Hoppel
ein echter Feinschmecker!

Voller Einsatz

Aylin ist ja so aufgeregt:
Heute beginnt ihr **Schüler-Praktikum**
bei Frau Doktor Buck.
Aylin wird jede Menge
Tiere um sich haben – juhu!
„Dann hoffe ich, dass es dir bei
uns gefällt“, sagt Doktor Buck.

„Ganz bestimmt!“, strahlt Aylin.

„Ich liebe Tiere!“

Die Tierärztin lacht. „Das Problem sind oft eher die Besitzer …“

Das kann Aylin gar nicht glauben!

Sind nicht alle Tierfreunde nett?

Das Wartezimmer ist fast voll.
Ein Terrier, ein Mops, zwei Katzen
und ein Meerschweinchen warten.
Mit ihren Haltern natürlich!
Aylin darf den ersten Patienten
hereinrufen: Es ist Terrier Bella
mit ihrem Herrchen.

„Wir haben Bella letzte Woche sterilisiert“, erklärt Doktor Buck. „Damit sie keine Welpen mehr bekommen kann. Das machen wir häufig, auch bei Katzen.“ Aylin nickt, das weiß sie.

„Heute schaue ich mir die Narbe an
und ziehe die Fäden."
„Tut das Bella weh?", fragt Aylin.
Die Ärztin schüttelt den Kopf.
„Nein, das merkt sie kaum,
wenn du sie ein wenig ablenkst."

Gern! Aylin streichelt Bella
und füttert sie mit Leckerchen.
„Prima!“, lobt Doktor Buck.
„Das war gute Teamarbeit!“
Nanu, warum wird es denn
plötzlich draußen so laut?

„Aylin, kannst du mal gucken,
was da los ist?“, bittet die Ärztin.
Na klar!
Im Wartezimmer steht eine Frau
mit einer Katze auf dem Arm.
Oje, die arme Mieze ist verletzt!
Sie blutet am Hinterbein.

„Nelli wurde von einem Fahrrad angefahren“, keucht die Frau. „Können wir direkt zur Frau Doktor?“ Der Mops-Besitzer reckt den Hals. „Bitte?“, schnaubt er empört. „Jetzt sind wir dran! Wozu macht man denn Termine?“

Die Katzen-Frau sieht Aylin
Hilfe suchend an.
Was soll Aylin denn jetzt tun?
Da kommt zum Glück die Ärztin.
Sie wirft einen Blick
auf die Katze.
Dann winkt sie die Frau herein.

„Das ist ein Notfall!“,
erklärt Doktor Buck freundlich.
„Vielen Dank für Ihr Verständnis!“
Der Mops-Halter läuft rot an,
aber er sagt nichts mehr.

Die verletzte Katze liegt
auf dem Behandlungstisch.
Doktor Buck untersucht die Wunde.
„Das muss ich nähen“, sagt sie.
Die Halterin der Katze wird blass.
„Ich warte draußen“, haucht sie.
„Oh!“ Doktor Buck sieht ihr nach.

„Kannst du **assistieren**, Aylin?“, fragt sie. „Leo, mein Arzthelfer, kommt erst nachmittags.“

„Äh ... klar!“ Aylin nickt tapfer.

Als das Kätzchen betäubt ist, wird die Wunde gespült und desinfiziert. Dann kommt die Naht.

„Geschafft!“ Doktor Buck lächelt.
„Unsere Patientin ist bald wieder fit.
Und du? Alles gut bei dir?“
Aylin nickt. „Mir gefällt es
hier total. Und ich weiß jetzt,
was ich werden will!
Tierärztin natürlich!“

Was piept denn da?

Doktor Frank ist unterwegs
zu Tinas Tierhotel.
Dort wohnen Hunde, Katzen,
Vögel und andere Kleintiere,
während ihre Halter verreist sind.
Manche Tiere verbringen hier
jedes Jahr ein paar Wochen.

Auch Labrador Mücke begrüßt
den Tierarzt schwanzwedelnd.
Doktor Frank tätschelt seinen Hals.
„Na, Mücke, kennst du mich noch?"
„Jedenfalls erinnert er sich an
deine Leckerchen", lacht Tina.
Stimmt: Mücke schnuppert eifrig.

Aber jetzt muss sich der Tierarzt
erst mal um seine Patienten kümmern.
„Also, was liegt heute an?“, fragt er.
Doktor Frank soll die neuen Katzen
auf Flöhe untersuchen,
Pudel Enzo hat entzündete Augen
und ein Meerschweinchen frisst nicht.

Während Tina die Hasen versorgt,
untersucht der Tierarzt den Pudel.
Enzos Augen beginnen zu eitern.
Doktor Frank reinigt sie vorsichtig
und trägt eine Salbe auf.
Plötzlich schreckt er zusammen:
Was ist das für ein grelles Piepen?

Das klingt wie ein Rauchmelder!

Brennt es hier etwa irgendwo?

Der Ton kam von nebenan.

Dort befinden sich eine Voliere

und die Käfige der Gast-Vögel.

Um Himmels willen!

Die Tiere müssen in Sicherheit gebracht werden!
Wo steckt Tina?
Hat sie den Alarm nicht gehört?
Doktor Frank schnuppert:
Seltsam, es riecht nicht nach Rauch!
Auch Enzo ist ruhig geblieben.

Wenn es brennt,

würde der Hund anschlagen, oder?

Der Arzt rennt hinüber

zu den Vögeln.

Da, wieder ertönt der Rauchmelder!

Doktor Frank schaut nach oben.

An der Decke hängt gar kein Gerät!

Woher kommt dann der Piepton?

Da ist Tina endlich!

„Entschuldige, ich hatte vergessen,

dir von Gino zu erzählen!“

Tina zeigt auf den Papagei,
der ruhig auf seiner Stange sitzt.
„Darf ich vorstellen: Gino!
Er kann Stimmen nachmachen.“
Doktor Frank schmunzelt.
„Und ich vermute, Gino ahmt
gerne Rauchmelder nach?“

Tina nickt.
„Genau! Bei Gino zu Hause
gab es häufiger Fehlalarm.
So hat der Vogel gelernt,
den Ton perfekt nachzumachen."

„Tja, mit Tieren erlebt man
immer wieder Überraschungen!“,
sagt Doktor Frank.
„Da hast du recht! Schau mal!“
Tina deutet auf Mücke.
„Ganz schön frech!“
Und ganz schön schlau …

Fragen und Antworten

Wer geht ganz allein mit Hund Wolli zum Tierarzt? Kreise ein.

Antwort: Fabian

Was bekommt Wolli bei der Tierärztin? Bringe die Buchstaben in die richtige Reihenfolge.

BENDARV

Antwort: Verband

Lies genau in Spiegelschrift. Wie heißt die Hündin, mit der Wolli sich anfreundet?

☐ Leika ☐ Laika ☐ Leyka

Antwort: Laika

Welches Tier bringt Hanna zu Doktor Katz? Bringe die Silben in die richtige Reihenfolge.

RIE CHEN NIN SEN KA

Antwort: Riesenkaninchen

Welche Farbe hat die Perle, die Hanna sucht? Kreise ein.

Antwort: Rosa

Wie viele Tiere warten im Wartezimmer von Doktor Buck? Rechne aus.

- [ ] 19-13= _____
- [ ] 17-12= _____
- [ ] 8+7= _____

Antwort: 17-12=5 Tiere (1 Terrier, 1 Mops, 2 Katzen, 1 Meerschweinchen)

Wer wird zuerst behandelt? Kreise ein.

Antwort: Katze

Was will Aylin später werden?
Kreuze an.

- ☐ Tierpflegerin
- ☐ Tierarzthelferin
- ☐ Tierärztin

Antwort: Tierärztin

Wohin fährt Doktor Frank? Trage die fehlenden Buchstaben ein.

TIN___S TI___R___OTE___

Antwort: TINAS TIERHOTEL

Verkehrt herum! Wie heißt der Papagei, der den Rauchmelder nachmacht?

- ☐ ANIG
- ☐ ONIT
- ☐ ONIG

Antwort: Gino

Schon gewusst?

Tierärztin (Seite 6):

Alle Tierärzte kümmern sich um kranke oder verletzte Tiere. Manche Tierärzte haben eine Haustierpraxis in der Stadt, andere versorgen Bauernhoftiere auf dem Land oder sind spezialisiert auf Pferde. Es gibt auch Tierärzte, die nur mit Vögeln oder Reptilien arbeiten.

Praxis (Seite 9):

Die Arbeitsräume einer Ärztin oder Tierärztin nennt man Praxis. Wenn jemand schon lange in einem Beruf arbeitet, sagt man aber auch, dass er viel Berufspraxis hat.

Tierheim (Seite 13):

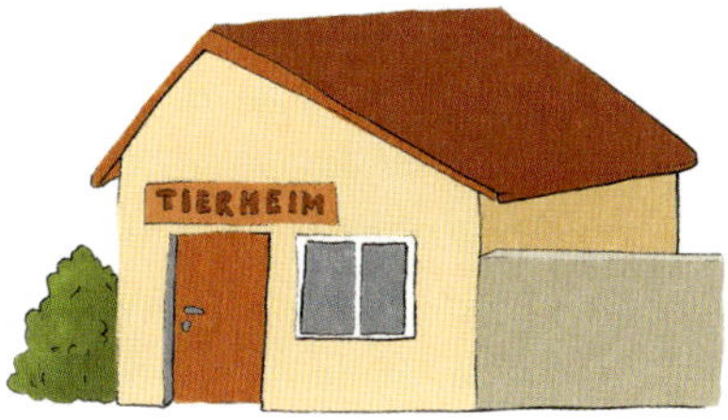

In Not geratene Tiere werden im Tierheim aufgenommen. Manche Tiere haben Glück und finden ein neues Zuhause. So wie Laika. Wenn du dir ein Haustier wünschst, könntest du es dir auch aus dem Tierheim holen.

Schüler-Praktikum (Seite 28):

Bei einem Praktikum kann man ein paar Wochen oder Monate in einem Betrieb mitarbeiten. So kann man ausprobieren, ob der Wunschberuf wirklich Spaß macht. Und man sammelt erste Berufserfahrung.

assistieren (Seite 39):

Das Wort „assistieren" kommt aus dem Lateinischen und heißt so viel wie unterstützen. Wer einer Ärztin bei einer Operation assistiert, hilft ihr also dabei.

Blättere schnell um und trage die unterstrichenen Buchstaben in der richtigen Reihenfolge in die Kästchen ein!

Das Leselöwen-Lösungswort

Besuche den Leselöwen auf **www.leseloewen.de** und trage die unterstrichenen Buchstaben von den Seiten *Schon gewusst?* in der richtigen Reihenfolge in die magische Box ein.

P					

Wenn du das Lösungswort gefunden hast, kommst du auf die geheime Seite mit vielen weiteren Spielen und Rätseln!

Der **Leselöwe** freut sich auf dich!

Jetzt online!

Katja Reider war Pressesprecherin des Wettbewerbs „Jugend forscht“, bevor sie zu schreiben begann. Inzwischen hat sie mehr als hundert Kinder- und Jugendbücher veröffentlicht, die in viele Sprachen übersetzt wurden. Weitere Infos unter www.KatjaReider.de.

Carmen Hochmann studierte in Bielefeld Grafik-Design und ist seither als freiberufliche Illustratorin tätig. Mit ihrer Familie lebt sie am Stadtrand in einem alten Häuschen mit großem Garten. Sie zeichnet mit Liebe und Leidenschaft.

2. Klasse

Leselöwen

Geübte Leseanfänger

Die Nr. 1 für den Leseerfolg

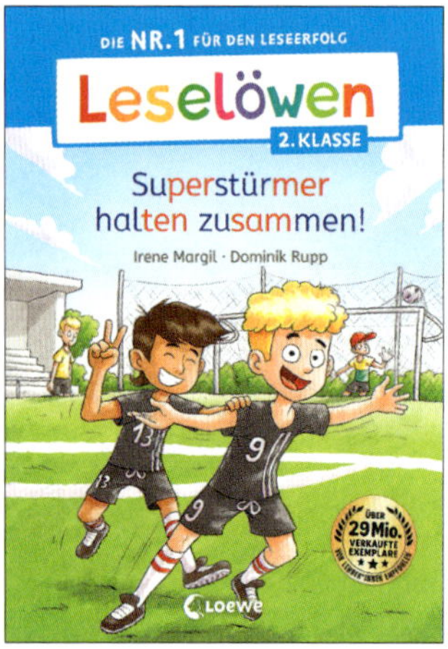

ISBN 978-3-7432-1896-3

ISBN 978-3-7432-2072-0

ISBN 978-3-7432-2075-1

ISBN 978-3-7432-2076-8

ISBN 978-3-7432-1897-0

ISBN 978-3-7432-1878-9

Loewe

Das will ich lesen!

3. Klasse

Leselöwen

Besser lesen

Die Nr. 1 für den Leseerfolg

ISBN 978-3-7432-1895-6

ISBN 978-3-7432-1787-4

ISBN 978-3-7432-1817-8

ISBN 978-3-7432-2068-3

ISBN 978-3-7432-2027-0

ISBN 978-3-7432-1894-9

Loewe

Das will ich lesen!

Die Tier-Feuerwehr

ISBN 978-3-7432-1835-2

ISBN 978-3-7432-1836-9

ISBN 978-3-7432-1837-6

Loewe
Das will ich lesen!